Милутин Петровић ПРОТИВ ПОЕЗИЈЕ

Библиотека
РАД

Уредник
СИМОН СИМОНОВИЋ

Рецензија
БОРИСЛАВ РАДОВИЋ

МИЛУТИН ПЕТРОВИЋ

ПРОТИВ ПОЕЗИЈЕ

РАД

ДУЕТ ЛАЖИ

Растегни ме па бићу твоја

Ти си такмац само нови

Побелеће ми све наједном

Пусти душу да живимо

>   Део је памћења и није тешко
>   опирати се различитим захтевима
>
>   које сам већ заборавила.

"ОН ЗНА"

Ниси извукла кост
него си кост за дар бацила "Он зна
јабука како цвета и ко сам ја"
Дражесна смрти обмотај ме Сутрадан
облиј ме плава смоло

          Опет си подигла капак млађана
          па си ме срушила.

КРИК

На земљици бестидни конопчић
С друге стране скупља се олош Тако знаш

гола лудо да ми спремиш
подвијена у сукњици оно корито
базен бола што постоји па га нема
чорбу с отровима па да бежим

Тако знаш поуздано.

ПРЕ СПАСИОЦА

Шта да почнем с том сувише опасном фигуром

Допусти да потоне

Нека суделује невидљива
претежно несхватљива
која обухвата сва обличја

коју сам оставио да окреће леђа

и лежи у мрачном округу.

СУОЧЕЊЕ

Била си тамо у стану натприродна

размакнута техничка мрежа

у коју си ме ухватила

безмало племенитим циљевима

Био сам мамац подложан и паралисан

између већ слеђеног осећања и пропламсаја
што ми се учинио.

ПОКОРНА ДЕВА

На мој јаук поче да просијава
међу варљивим феноменима јединствена
у бујању непревазиђена

у највећој животној опасности

Била је без премца малоумност
да ми обелоданиш

суђену расправу о обнављању.

ОТКРИЋЕ (1)

Узалуд сам ушао го у твој стан
пренадражен

      Под столом убица

      Плава препредена уста

      Обузет погнут станар

А сиве и беле дугачке длаке
у ваздуху и на крпарама.

ЧАСТ

Ништа ми не можеш

и да "плава црна" рупа измили однекуд

рупа и чауре

и у чаурама капљице из твоје вене

вредне помена

       У то уздање лако је било доћи
       да видим цело твоје лице.

УКОЧЕНА ПРИЛИКА

Тек се указа Не чух да си засићена
Не видех да узгајаш драгоцене делиће

Подешена и напудерисана

Њушиш бесног јединог

у шта спада лукавство

дуготрајно ноћно спавање

и твоја бодљикава рука.

ТРАГИЧАН ИЗВЕШТАЈ

Паде лишен ослонца

Поче зов виновнице

Суочена с невољама насладе

Паде исцрпљен од жалости
Паде тамо где је почивала

Поче жудно да мисли

на обрисе што је губила.

УСХИТ

Била ми је надомак живота

Само да је видиш Може да послужи

Преко целог неба

Распуштена на вишем нивоу
У славу делотворних утицаја

Моја дупла душа

дуго се за тебе удешавала.

УТЕХА (1)

У толикој мери плава и одсутна
с капима миомириса

па се и подигла од милине

створ од тврде материје

с бодежом у руци
при крају славља обухваћена неделима

по моделу олоша.

НОВИ ТИРАНИН

Не умем да се заштитим

Настој да ме заштитиш

Могу да те обгрлим У исти мах
Па да те бацим

Котрљај се у чулним повојима

Ухваћена на делу при повратку

Удараj што jаче можеш.

ПЕВАЧИЦА С ПОВРЕДАМА

Мало ти је срце уздрхтало

и то је сва дарована повластица

бежиш из стварног тела
у извесна еуфорична помагала

али су и даље били тешки
омотани органи

и сва прерушена блага власникова.

МАНА

Идем у стан на миг виновнице
да видим сусрет на брисаном простору

изблиза и цео

Умртвљена првим налетом

може и да оде с укорењеном подвалом

кад хоће умножава "мртву природу"
побија безбрижан крај.

БУНЦАЊЕ (1)

"Имам пара да купим пиштољ"

Смејући се одлазе помоћници у поход
на прикладан плен

Само ти дочарах шта се овде збива

Размотрих повећање нагона

Сад се престраши и узе да понавља "прихватам
таман састављен договор".

ПОДСТИЦАЈ

Шта си изабрала и у туђој области применила

Три узастопна ноћна атентата

Обуздај своју разјађеност

"отргнута из центра свирале"

"олошу на појило летиш"

"пуна млека и свих врста сласти"

под руком "славне прошлости".

НАГОВЕШТАЈ

Заслепљен и нем пустих се
на истанчано скупоцено платно Ту си била

доброчинка а и китњаста отровница
предана достигнућу

        услед смањења

с тешким оштећењима како сазнах

само с ишчупаним шиљастим језиком.

ТРИЈУМФ ДРЕВНЕ ПЕСМЕ

Изађи пре него што слепац дође

“Овде си последњи пут”

Нека буде помпезна вештина то што кажеш

Признала си спољашњи ефекат

Ободрила посведоченог носиоца заразе

за леђима У истој мери
хладна и распусна опсенарка.

ГНЕВ (1)

То ме примамљив сугуби злочин
подгурну у прерађено стање

а ти издвојена из укочености

милујеш разорено тело без овлашћења

да би произвела срачунате доказе

о одблеску облика
на ћудљивој површини.

ОБРАЗАЦ

Немам сто кила и више од сто кила

да се попнем на тебе
                    да легнем на тебе инстинктивно
                    да те притиснем

                    ти нека писнеш

да пређеш у гумено одело и
у обредно муцање што гуменом оделу припада.

ПОДСМЕВАЧ

Не знам када си одустала од блеска силе
и почела да трагаш за полицом
са отровним јелима

                        Десет година једем изобилно

                        Мљацкам Сладим се

Нагло сахнем

Лако могу остати у твом милосрђу.

ОДБРАНА ОТРОВА

Јасно је не може бити јасније

то што сам видео "како се олакшаваш"

разумем зашто си у познијем развоју

довољно добра урвина

само умањена

иако си прихватила "како измичеш"

из развитог поља уживања.

БЕКСТВО ТЕЛА

Губим средиште и значај Заповедаш
да се у лог вратим

благоречита у поређењу с лизавцима

из поноситог складишта

све већим и јачим покретима

"уђи у таму да будеш усвојена

с главом овенчаном" буди у обмани.

ПРВА ИЛУЗИЈА

"Напусти стан и све претходнике"

У претварању недостижна

У пурпуру сва си и у дијадемама

Износиш рибу на жуту трпезу

Излазиш цела да те опажам

Спремна си на рат и кликћеш "Подај се"

"Сасуши сличне префињене мисли".

ЈУНАКОВА ТРАДИЦИЈА

Изађе из истрајне раскалашности

Баци се у наручје прастарог бића Зајеца

Доведена до краја Пређе
у пустог зараженог помоћника

"исувише у слободи"

ни налик на ону силницу

с ганутљивим даровима.

ОБЛА ДРАГОЦЕНОСТ

Ниси ми ни погледала јајасту красту

Очекујеш успон легенде о младом једином

Ако останеш равнодушна

у скученим околностима Све неспокојнија
што се преврћеш

Делује на тебе агонија и

контролисано одлагање.

ПАКОСТ

"Убрзај спевано решење" понављајући

колективне процедуре

"прикупи" растурене делове

брзо се предај

окрени за чист рачун "болесна леђа"

што није поука ни препорука
за једнострану намену.

ПОСЕКОТИНА НА ЈЕЗИКУ

Одсјај занемелог једином узнемириће

сва твоја звања

        пуна самилости
        вештачка очаравања

како би и могла бити сагледана

а да те доле не држе ланци

сви твоји помоћници.

У ПОДНОЖЈУ

Дево неговатељице нисам договор
оставио олошу да се слади

у еластичној празнини растеш без увијања

ако покрет није варљив

што је и било симболичко изненађење јер

"не вребаш више из венца почасти"

из јаросног бусена.

СУМЊА

И мене би у пригушеним тоновима
затрло правило

које сам мрмљајући измислио

страсна једрина

                                распоређена у дивљини

                                осуђена хајка под сводом небеса

С тим се вазда поносиш.

КОБНА СПОНА

(1)

Не одбеже од грехова него
слабашна паде у кревет

Надвисила си првог и последњег
Још и у сан да се стропошташ
Кад већ ниси у ваздуху успела
Кад ниси хлеб на жару
Захваћена цвиљењем мртвог јединог.

(2)

Тад преко немих усана У освит
Саопшти ми да би ме пренеразила
Склона сам приближавању

И спусти се још ниже да би ме ујела
Па се још и прејела
Писнула пет шест пута дозивајући помоћнике
Лакши су они а језа ме прогони.

ТКАЧИЦА

Севнула си очима кад је у додатом времену
почео разговор о распореном ткању

Толико далеко одоше твоја чула
да се тресе подбула

недосегнута и накренута утвара

Само да изађем одавде означен и жив
из поучног стана.

РАСПЛОЂАВАЊЕ

Сложено покућство и крупни планови
у позадинској бљутавој природи

подесна и утолико жртвована

ревносна збирка

бунца о изнуди

"време је да заблиста"

почетни склад.

КАЛУП

Допуштам да си ме изменила

био сам у засенку сквашен и гњецав

а не из бесвесности животне и страсне

с друге стране дође пожуда

                              да ме дуго китиш

никаква подеротина и провидни удови
без имало твоје наклоности.

ИЗОСТАВЉЕНИ УТИЦАЈ

Пустио бих се херојски низ живописну литицу

да ми се краци и органи прибију уз тебе
да замене целину

ако су и били недостижни у надражају
да исечем и кобну спону

него је нешто још важније

изолуј се и занеми.

ГНЕВ (2)

"Преносиш ларву са олоша на мене"

"Сазиваш збор о разливеној теорији"

Избацила си осушени плод из тегле

Пролила си буђаву воду за одлазак

Ко одлази Утвара или сатрапова друга

Већ је другачији спокојни пој А то тебе

стрпљење напушта.

НЕМАН

На туђинца јединог ти се ослањаш и видиш
да се колеба

      ни послушник ни лидер

      у почетном развоју
      из обесцењене заседе

      пошто ме савлада и потресе
      наговору подлегох улудо.

ОБРТ

Сем ако си у паучини била сама и оплодна
с траговима које си развејала

упућена на бескорисно тело које се вуче

пре последњег издисаја

с толико пажње

побеже у преимућства свирепих

што ме лишава одговорности.

СПОКОЈ

У завођачком окретању оде предубоко

да ме издвојиш из прелазне болести

узмеш у свеобухватно разматрање

у мало носталгичном виду

да уђем у тебе скидајући вео

"јер се крају ближим"

зашто би гракћући клонула.

БУНЦАЊЕ (2)

Кад већ знам легенду о ланцима и
да осниваш спиритуално ткиво

показујући журно уз своје женство
усавршен уређај

        прихвати свечаност трулежи

        пронађи напето подручје

под окриљем подударне судбе.

КИКОТ

"Смрскала сам ти давнашњу лобању"

Тако си ми близанка

"Нашао си порекло"

Ти си благовремено савладана

"Ниси ни слутио"

То би било премалено

"То што сам од тебе у чаури створила".

ДВА КЉУЧА

Знаш да видим добро На страну обамрлост

да ли златопери кључи подругивачи
отворе нека различита врата

а два друга кључа можда два писача
навале ли на једина врата

"кад достигнеш извесну висину"

па ти се и таква подвлачиш.

КУКУРЕК

Аутоматизована најзад а да нисам очекивао

подупрта којекаквим признањем

у искривљеном појављивању

прикривајући унутрашњу слабост

врлином и изувијањем

једино на прекривеној подлози

да тако назовем распаднуту идилу.

УТЕХА (2)

Повезана с другим олошем

ниси могла на чистину
ни да оспориш претераног јединог

"празан мозак да ми вратиш"

јер си у бунилу повратила
изазвана добро познатом болешћу

а била би значајна ампула.

JAJE

Распрострањена под кожом склона да испаднеш

више него што допеваш

саопштаваш ми да је услуга завршена
"да се вребачица примиче"

укључујући шок

или сам рачунао да ме
препознајеш по ожиљку.

ЛЕК

Са оним јетким успоменама на преваранте
пуштам те безбедну да одступиш

а онда ћеш бити готова
у мирној води на топлом југу

у прецизним трзајима

нацифраним устима једући округлу храну

усмерена на вино.

СТАРО ГВОЖЂЕ

"Диже руке од тебе" заведени
наследник издашних детаља

оде на ону тамну страну
с дружином коловођа којој и ти припадаш

није ми било дано да уназим твоју пуноћу

да те приволим и придигнем

у више подручје.

"КРАТКО И ЈАСНО"

"Немој ме звати нећу се јавити" тамо негде
у празнини С тобом наизменично

стичем многоструки углед

свикнута на сурови систем "Стегни
подмлађену омиљену фигуру"

у необузданој сложеној утакмици

теби висе надземаљски ланци.

НАГЛА ОДЛУКА

Противан владајућем опхођењу

Препустивши се издашној прилици

Бацих у магичан вртлог клеветничку спону

Изнад свега прихватам
употребљива сведочанства

о бучном стану Ту си ме оставила

помоћним сабластима које си примила.

ОТКРИЋЕ (2)

У разврстаним завијуцима
што сам теби за узглавље спремио

да ме тражиш на другој страни

у околностима преиначеним

зашто да не кажем

заслужујеш да се прилагодиш
сада већ оповргнутом привиђењу.

ЗАКЉУЧЕЊЕ

Одричеш ли се темеља где почива

                                        Одричем се

А ордена на болним грудима

Не видим орден ни панцир

Њихово дејство потребно је

сувим и кртим костима

множини да клија.

СЛАВОПОЈ

Црни повез и бела маст на повезу
преко твојих ујдурми

У општем сладострашћу

Како "зар ће разума нестати"

Одмахнем на одлазећу болест

Држи ме негдашња љубо

Кад ми већ прска нека је тумор.

ПРОЗИРАН ЧИН

"Ту зацрњену ситницу на твом трбуху"

такнух у зао час

"Могла би у једном замаху да одустанеш"

На другу страну ти си пребегла

Покупила све што поседујем

"Врдаш" Приморан сам да те држим

на узици у близини.

ЛИЧНА ЗАМКА

"Све си узео и све појео
омотао се и отишао" Лежиш

гола на голом кревету

        ту сам схватио неодољиво

        твоје надмашивање

        и да си поставила границу

        примамљивој сласти.

"ОНА ЗНА"

Извукла си ме из владавине сукоба
па си ме изобличила "Он зна
костур како се круни и да си сагласна"
Осмехни се на излагача ривалко Заувек
избиј на чистац

овде ме никоја надахњуј

стрмоглављуј у раширену творевину.

МРАЧНА ВИЛА

Кад се упустих у њена недра

                  ништа нисам узео

                  није ме препознала

                  постаде гротескна

                  свима добро позната

Тад усних неодређено нешто
и хитах слеп и слаб к њој.

ДУПЉА

ОДЕЉЕЊЕ ЗА ТАЈНУ

Можда мислиш да сам пренаглио с тобом
да сам показао уочљиву слабост

да припадаш само овде у тишини

већ залога споментог венца

нешто више увежбана него

она од прописаног пева хармонија
што те је укрутила.

ЛАРВА

Приђох под штитом скученом простору

Диже се плоча из свога времена

Слободна обрада "да би било угодније"

страсније него што ми је потребно

да пребивам са остацима шминке
и са исповедним састојцима

у трајном шупљем налазишту.

ШУПЉА ХВАТАЉКА

Исцрпљен сам "дај ми" колица

уведи ме у закључни загрљај

из сумњивог рецепта

знаменитом пипалицом

развратним мишићима

обигравајући око предмета

на звук из празног склоништа.

САДРЖАЈ

КЊИГЕ ПЕСАМА МИЛУТИНА ПЕТРОВИЋА

Тако она хоће (1968)
Дрзновено рождество (1969)
Глава на пању (1971)
Промена (1974)
Свраб (1977)
Стихија (1983)
"О" (1990)
Књига (1991)
Поезија снова / Расправа с Месецом (1993)
Нешто имам (1996)
Наопако (1997)
Против Поезије (2007)
Избор (2007)

CIP - Каталогизација у публикацији
Народна библиотека Србије, Београд

821.163.41-1

ПЕТРОВИЋ, Милутин
Против Поезије / Милутин Петровић. -
Београд : Рад, 2007
(Лазаревац : Елвод-принт). - 77 стр. ; 20 цм. -
(Библиотека Рад)

Тираж 500.

ISBN 978-86-09-00976-1

COBISS.SR-ID 144525068

Милутин Петровић ПРОТИВ ПОЕЗИЈЕ
Издавачко предузеће РАД Београд Дечанска 12
За издавача СИМОН СИМОНОВИЋ
Графички уредник НЕНАД СИМОНОВИЋ
Штампа Елвод-принт Лазаревац